まいたち　荷　物運び　ばあさん
コツコツばあさん　牛
ばあさん
スキップ少年　女　まり
さとるくん　つき
首な　じいさん
ピングばあさん　し100キロ
ばあさん
ナ女　ライダーか　まばば
ばあさん　すきま人間
マ　レ　人間　イ　コ

みたい！ しりたい！ しらべたい！

日本の 都市伝説 絵図鑑

1 現代の妖怪と都市伝説

監修 **常光 徹**　絵 **中谷 靖彦**

ミネルヴァ書房

口さけ女と人面犬—現代の妖怪

常光 徹

「都市伝説」という言葉はいろいろな意味をふくんでいます。対象とする話題も一様ではありませんが、本書では、おもに現代の妖怪とそれにまつわる怪談を中心に紹介しています。

口さけ女の登場

1979（昭和54）年の春から夏にかけて、口さけ女のうわさが日本列島を駆けぬけ、全国の小学生をふるえあがらせました。口さけ女があらわれたという話は、前年の冬に岐阜県で発生し、年が明けてから急速に広がりはじめたといわれています。その過程でうわさがうわさを呼び、さまざまなバリエーションがうまれたのは本書で紹介している通りです（→8ページ）。いったい誰がこんなことをいいだしたのか、しりたい衝動にかられますが、うわさの発信源を明らかにするのはむずかしいでしょう。

口さけ女が、男性の整髪料であるポマードを嫌うというのも当時話題になりました。

一説では、あのにおいを嫌うのであろうといいます。そうかもしれません。節分に、ヒイラギの葉に焼いたイワシの頭を添えて、戸口にさしておくヤイカガシの習俗は広くみられます。こうすると鬼が入ってこないというのは、ヒイラギのとげとイワシのにおいを嫌うためです。5月の節供にショウブやヨモギを飾るのも、これらの植物の芳香が邪悪なモノをはらうとされることによります。「にんにく、にんにく…」ととな

◀節分の夜、魔よけのため戸の入口にさす「ヤイカガシ」。「ヒイラギイワシ」ともよばれる。

◀◀口さけ女の対処方法には「ポマード」と3回となえること、「にんにく、にんにく…」と何回もとなえることなどがあげられる。

▲まんが家の水木しげるがえがいた「口さけ女」。(水木しげる『決定版　日本妖怪大全』(講談社文庫)より)

©水木プロ

えると口さけ女が逃げていくというのも似た発想だといってよいでしょう。

　口さけ女のうわさは1979年以降もつづきました。民俗学者の野村純一は３年間にわたって追跡調査をおこない、うわさが変化していく様子をとらえています。たとえば、彼女が隠し持っている刃物は、最初はナイフとかカミソリといった家庭の日常的なものでしたが、やがてカマ（鎌）に変わっていくケースがみられたといいます。また、「ポマード、ポマード、ポマード」と３回となえればよいといわれたように、しばし

ば「３」の数字がでてきます。これらは、説話や物語でよく用いられる「３の原理」の影響ではないかと説いています。口さけ女自身も時の経過とともに、三姉妹の末っ子だといわれるようになりました。これなども、昔話の三姉妹型の話の構成に近づいているのではないかと指摘しています（『世間話と怪異』清文堂出版、2012年）。

　また、ルポライターの朝倉喬司は、母親や子どもたちの動揺に公的な機関もそれなりの対応をせざるをえず「公的機関の対応ぶりがうわさに信憑性を持たせて、さらに

勢いづかせただろうことは想像に難くない」と述べています（「あの『口裂け女』の棲家を岐阜山中に見た」『うわさの本（別冊宝島92号）』宝島社、1989年）。朝倉がいうように、もともと空想の産物である妖怪を、まるで通り魔かなにかのように実態的な存在として、大人たちがあつかいました。そのあつかいぶりに接した子どもたちが、口さけ女に対して単なるお化け話を超えた、生なましい恐怖のイメージを増幅させた一面もあったと思われます。

人面犬と予言獣

　口さけ女のうわさからちょうど10年後、1989年から1990年にかけて、こんどは人面犬なる妖怪が各地に出没して話題になりました。状況としては、口さけ女以上にメディアが深く関与していました。口さけ女の場合には、根底に子どもたちの口から耳へとささやかれた口承のネットワークがあって、雑誌やテレビなどはそこから情報をくみあげ、加工を施したあと、ふたたび還流させていく機能を果たしていました。ところが、人面犬の場合は、子どもたちの口コミの情報を巧みに収集しながらも、むしろマスコミが積極的にかかわってイメー

ジづくりを演出していった感があります。
　人間の顔に犬の胴体という異様な姿が関心を呼びましたが、ほかにも、言葉をしゃべるとか、ニヤリと笑うなどわたしたちの認識を超えた存在でした。とくに「ほっといてくれ」「勝手だろ」「うるせぇなぁ」などと、捨てぜりふをはくのが特徴で、こうした言葉は当時の若者たちの気持ちの一面を代弁しているのではないかともいわれました。

人面犬についてとりあげた雑誌・新聞

・人面犬は東名高速を時速140キロで走る。
『女性自身』（1990年1/9・16合併号）
・人面犬は、その白い脚で高速道路を駆けぬけ、追いこした車を振り返ってニヤリと笑い、その跳躍力で、ビルとビルの間をムササビのように跳ぶ。
『朝日中学生ウィークリー』（1990年2/11号）
・塾の帰りに住宅街を歩いていると、電信柱のそばで柴犬のような茶色の犬がゴミをあさっていた。追い払おうとしたら、その犬はいきなり振りむき「ほっといとくれ」と人間の言葉をしゃべった。よく見ると、犬の首には、やつれた中年男性の顔が載っていた。
『日本経済新聞』（1990年6/12号）

出典：石丸元章「僕たちの“人面犬騒動”顛末記」『Quick Japan Vol.1 No.0』(1993年SUMMER)

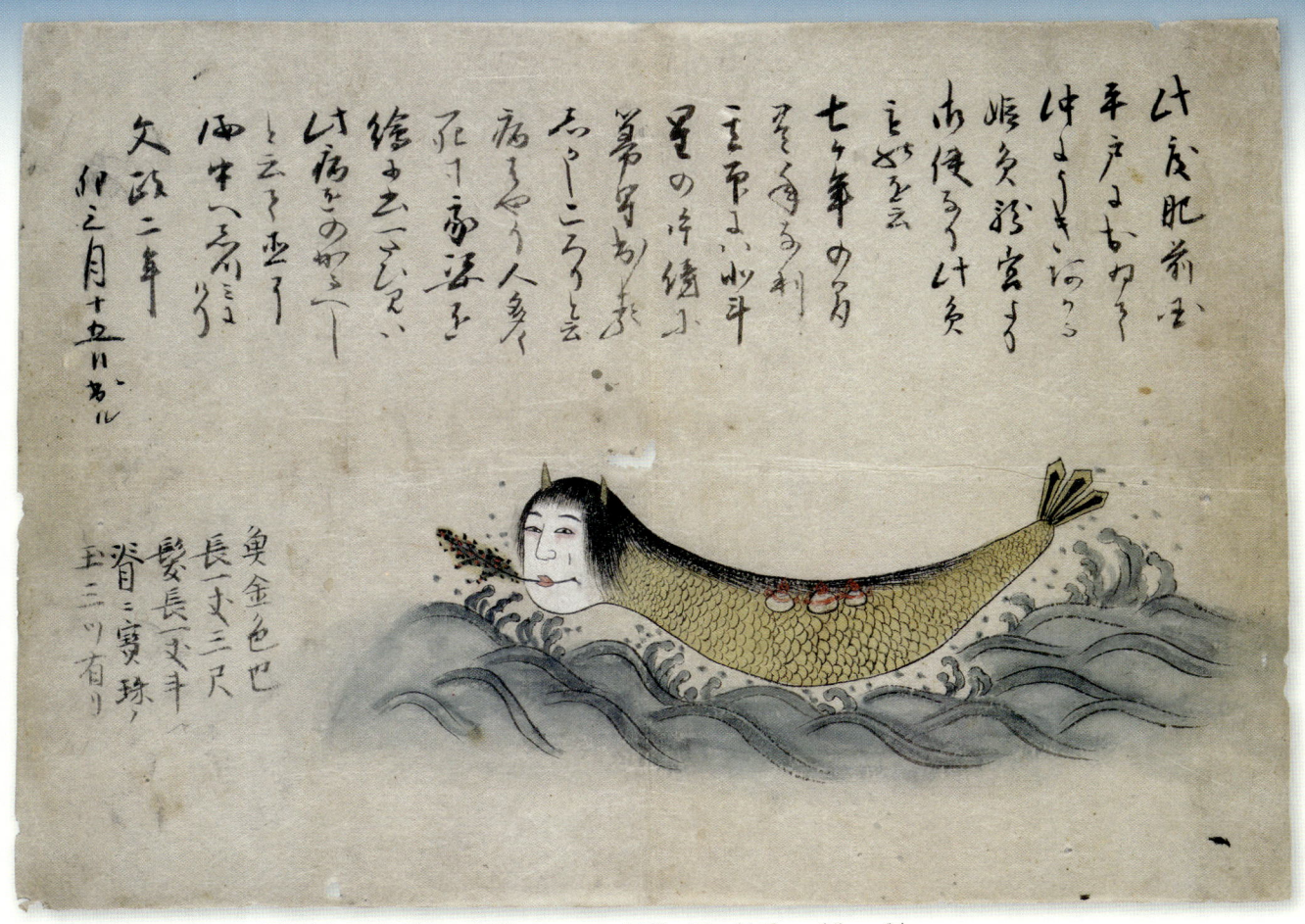

▲1819（文政２）年、肥前国平戸（長崎県）に出現したという姫魚。色は金色で、長さは約３m90cm。（国立歴史民俗博物館所蔵）

　確かに人面犬は異様ですが、しかし、人と動物が結びついた妖怪は少なくありません。江戸時代の後期には、女の顔に魚の姿をした姫魚という妖怪があらわれて予言をしたという記録が残っています。予言の内容は、「これから豊作になるが、その後悪い病気が流行る。しかし、わが姿をえがいた絵をみれば病気にかからない」と告げて、海に入っていったといいます。また、猿の頭に足が３本という、変な姿のアマビコと呼ばれる妖怪が出現して予言をした話も伝えられています。こうした予言をする妖怪のことを予言獣ともいいます。なかでも有名なのは、人間の顔に牛のからだをしたクダン（件）でしょう。件という字は、人偏に「牛」、つまり人と牛が結びついていることをしめしています。件は作柄や病気の予言だけでなく戦争の予言もしました。

立石憲利編著『戦争の民話2　戦場からのしらせ』（手帖社、1989年）には、1944年（昭和19年）ごろ、岡山県の村で件がうまれたという話が紹介されています。件は「日本は戦争に負ける」といって死んだといいます。村人は戦争に勝つと聞かされていましたが、だんだん状況は悪くなっていました。戦争に負けてから「やっぱり件のいうたのが本当じゃった」と話したといいます。敗戦という言葉を口にだすことをはばかられた空気のなかで、人びとは件という妖怪の予言のうちに、その本心をのぞかせているのかもしれません。

　口さけ女と人面犬について紹介してきましたが、妖怪は時代とともに変化し、常に新しい妖怪が誕生しています。車社会といわれる現在は「首なしライダー」「100キロばあさん」「マラソンおじさん」など、自動車や高速道路などを舞台に活躍する妖怪が多くいます。また「さとるくん」「メリーさん」「けいたいばあさん」にみられるように、電話をはじめ電子機器が怪談のモチーフになっているのも特徴といってよいでしょう。

▲雲州（島根県）にうまれたという件の絵。今年は豊作になるが、そのあとに病気が流行ると予言をする。件の絵を家にはっておくと病気を逃れられるという。

もくじ

図鑑の見方

この本では、現代の妖怪と都市伝説について紹介しています。

妖怪名
いくつか名前のある妖怪はおもな名前を紹介しています。

解説
妖怪の特徴やこわい話を解説しています。

イラスト
妖怪のイメージを絵であらわしています。

コラムページ
よりくわしい内容や関連する事がらを紹介しています。

ブームとなった妖怪

現代の社会では、テレビや新聞、雑誌などのマスコミにとりあげられることで、社会現象となった妖怪もでてきました。

口さけ女

口さけ女は、大きな白いマスクをした女の人の姿をした妖怪です。地域などによってさまざまなあらわれかたをしますが、代表的な話はつぎのようなものです。

　夕方や夜、白いマスクをした若い女の人が道に立っていて、ひとりで通りかかった子どもに「わたし、きれい?」と声をかけてくる。このとき、「きれい」と答えると、「これでも?」といってマスクをはずす。あらわれた口はまっかで、耳もとまで大きくさけている。「きれいではない」「ブス」などと答えたり、こわがって逃げたりすると、カマを持っておいかけてくる。

　口さけ女のうわさは、1979年（昭和54年）ごろから、新聞や雑誌などのマスコミによって全国的に広がりました。ひとりで学校や塾から帰っているときにおそわれるかもしれないと、全国の子どもたちをふるえあがらせました。学校や地域によっては集団下校をおこなったり、パトカーが出動するさわぎになったりと、大人もまきこんで社会問題にまで発展しました。ブームがさると大きな話題を呼ぶこともなくなりましたが、現代の妖怪のなかでも有名なもののひとつとして、多くの人にしられています。

外見

- ストレートの長い髪をしていることが多い。
- 白いズボンに赤いコート、黒い服、ぼうしからハイヒールまで全身赤いものを身につけている、白いコートと白いブーツなど、服装は地域によって異なる。
- たいていの場合、刃物を持っている。カマ、斧、包丁、ナイフ、ハサミ、カミソリ、手術用のメスなどの例がある。
- 赤い車にのっていることもある。

行動

- 持っている刃物で、相手の口を自分とおなじように切りさく。
- 相手が子どもの場合は、大きな口で食べてしまう。
- おいかけるスピードがとてもはやい。100メートルを2秒で走る、車や新幹線よりはやく走るなどのうわさがある。

口がさけた原因

- 整形手術に失敗した。
- 交通事故にあって口が切れてしまった。
- じつは口さけ女は3人姉妹の末っ子で、かわいかったので姉ふたりにねたまれて口を切られた。

対処方法

- 男性の整髪料であるポマードが苦手とされる。「ポマード」という言葉を3回となえる、ポマードを投げつけるなどすると逃げられる。
- べっこうあめが好物。べっこうあめをあげると夢中になってなめだすので、そのすきに逃げる。
- 「にんにく、にんにく……」と何回もとなえる。
- 手のひらに「犬」とかいてみせると、逃げだす。
- 建物の2階までしか上がれないので、3階以上ある建物に逃げこむと助かる。
- 「わたし、きれい?」の問いに、「ふつう」「まあまあです」などのあいまいな答えを返すとおそわれない。

人面犬

犬のからだに人間の顔を持った妖怪です。さまざまな目撃証言がありますが、代表的なものはつぎのふたつのパターンです。

　レストランの裏で、1ぴきのきたない犬がゴミをあさっていた。シッシッとおいはらおうとしても、犬はどかない。「あっちいけ！」とどなると、くるりとふりかえり、「うるせぇなぁ」といった。

　高速道路を走っていると、犬が車をおいこしていった。おどろいてみていると、犬がくるりとふりかえってニヤリと笑ったが、それは人の顔をしていた。運転手はびっくりして事故をおこした。

外見

・からだの部分は柴犬のようである。
・顔は男性であることが多い。

人面犬は、おもに夕方、墓地や公園、お寺、路地や建物の裏、高速道路などにあらわれるようです。1989年（平成元年）から1990年（平成2年）にかけてマスコミに大きくとりあげられ、大さわぎになりました。大学の研究室での実験からうまれたとする話では、人面犬が研究室から逃げだし、白衣姿の研究員が必死にさがしまわっているともいわれました。
その後、人面魚、人面猫などもあらわれましたが、しばらくするとブームはおさまりました。

行動

- おどろいている人間をみて、ニヤリと笑う。
- 人に声をかけられると、「ほっといてくれ」「勝手だろ」「うるせぇなぁ」など、捨てぜりふをはく。
- 異常に足がはやい。時速100キロ以上で走っている車でもおいこす。
- 6メートルもジャンプする。
- 人面犬にあうと、事故などなにかしらトラブルにあう。
- かみつかれると、手足がくさってきて切断しなければならない。かまれた人は顔が犬になるという説もある。

この姿になった原因

- 犬にかまれて死んでしまった女性が人面犬になった。
- 犬をつれて散歩していた人が暴走する車にひき殺され、その霊が人面犬となった。
- 大学の研究室で遺伝子実験をしたところ、あやまって犬と研究員の遺伝子をかけあわせ、人面犬ができてしまった。

人間の顔を持った生きもの

人間と動物の合体した生きものは、人面犬だけではありません。時代や国をとわず、さまざまな妖怪・怪物の伝説があります。ライオンのからだに人間の顔のスフィンクス、下半身が魚で上半身が人間（逆の場合もある）の人魚はよくしられています。

日本でも、江戸時代からしられている存在として、牛のからだに人間の顔を持つ「件」という妖怪がいます（→5ページ）。件は牛からうまれますが、数日で死んでしまいます。しかしそのとき、人間の言葉でさまざまな予言をし、それは必ず的中するといいます。第二次世界大戦が終わる直前には、件が終戦と病気の流行を予言したといううわさがありました。件がうまれたときには、歴史に残るような大きなわざわいがおこるともされます。

道路にあらわれる猛スピード妖怪

暗い夜道を車で走っていると、まわりの暗やみがおそろしいものに思えてきます。その恐怖心につけこむように、ふつうの人間にはありえないスピードでおいかけてくる妖怪たちがいます。

首なしライダー

車やバイクで走っていると、後ろからおいぬいていく、バイクにのった首のない妖怪です。長いトンネルのなかや夜中の道など、暗い場所であらわれることが多いようです。バックミラーでみても、その姿はうつらないといいます。ふたりのりの首なしライダーもいて、その場合は両方とも首がありません。

ターボばあさん

高速道路で走る車をよつんばいでおいかけてきて、車の横にぴったりとならんで走ります。せなかに「ターボ」と書かれた紙がはってあります。兵庫県の六甲山あたりの高速道路によくでるとされます。

コツコツばあさん

高速道路にあらわれるおばあさん妖怪です。高速道路を走っていると、後ろから上半身だけのおばあさんがひじをつかい、すごいスピードでおいかけてきます。そのとき、ひじがコツコツとなることから、この名前で呼ばれます。コツコツばあさんにおいかけられると、時速100キロ以上で走らなければおいつかれ、死んでしまうといいます。

ダッシュばあさん

高速道路を走る車の後ろから、ものすごいスピードでおいかけてくるおばあさんです。車が速度を上げても関係なく、車をおいぬいて走りさっていきます。

100キロばあさん

高速道路で、時速100キロで走っている車の横を、その車よりもはやく走りぬけていくおばあさんです。おいつかれたり、おいぬかれたりしても害がないことがほとんどですが、おいぬかれると事故をおこすという話もあります。「60キロばあさん」「80キロばあさん」など、ほかの名前でも呼ばれます。

ジャンピングばあさん

着物を着てげたをはき、夜中に走る車をジャンプでとびこえたり、おいかけたりするおばあさんです。ジャンプの高さは4メートル以上といいます。ジャンピングばあさんにあった車は事故にあってしまうとされますが、実際に事故になった話はないようです。愛知県を中心に語られている妖怪です。

荷物運びばあさん

宅配便の人が荷物をとどけて帰るとき、まどの横に荷物をせおったおばあさんがいて、ニヤッと笑って、ものすごいスピードでどこかへいきます。そのとき、おばあさんのほうをふりむこうとしても、ふりむけないで死んでしまうといわれています。

マラソンおじさん

暗い道で、マラソンをしながら車のあとについてくるおじさんです。速度を上げてもついてきて、そのうち車の横にならび、こちらをみながらニヤニヤします。こわがってさらに速度を上げると、ハンドル操作をあやまったり、カーブを曲がりきれなくなったりするそうです。

まりつきじいさん

まりつきをしながら猛スピードで車をおいかけてくるおじいさんです。

Uターンじいさん

高速道路で走っていると、車の横をかけぬけていき、急にUターンして車に突進してくるおじいさんの妖怪です。

スキップ少年

スキップをしながら車をおいかけてくる男の子の妖怪です。マラソンおじさんとおなじように、スピードを上げてもついてきます。

牛女

兵庫県西宮市を中心に、関西地方でしられている妖怪です。深夜、車やバイクで走っていると、顔が牛、からだは人間という妖怪がよつんばいでおいかけてくるといううわさ話や、顔が人間、からだが牛の姿をしている牛女がバイクにのっておいかけてくるという話もあります。

外国の妖怪

外国にも妖怪はいる？

「妖怪」というのは、ふしぎな現象をおこし、得体のしれない力をもつ超自然的な存在です。日本独特の存在とされますが、外国にも、日本の妖怪と似たような存在がいます。それらは、「精霊」「妖魔」「妖精」「幻獣」などと呼ばれます。日本の妖怪とおなじように、人間を助けてくれるもの、存在するだけでとくに害のないもの、いたずら好きなもの、人間やそのまわりに悪さをするもの、命をうばってしまうものな

ど、さまざまです。伝統的な外国の妖怪をいくつか紹介しましょう。

セイレーン

ギリシャの海の怪物です。人間の女性と鳥、または魚が合体した姿をしているとされます。みた目も声も非常に美しく、その歌声で近くを通った船にのっている男たちをまどわし、死へとみちびくといいます。人間の生肉だけを食べて生きているという話もあります。

▲イギリスの画家、ジョン・ウィリアム・ウォーターハウスの『オデュッセウスとセイレーンたち』（1891 年）。

ヴォジャノーイ

ロシアや東ヨーロッパに伝わる水の精霊です。緑の髪とひげをはやした老人、はだかの女性、巨大な魚、巨人など、さまざまな姿であらわれます。湖や池、川の水門や水車の近くを好み、金銀で飾った水晶の宮殿に住んでいます。人間を嫌っており、すきをついて水中にひきずりこみ、自分の奴隷にしてしまうといわれています。

ゴブリン

イギリスの、みにくく性格の悪い小人妖精です。いたずらや悪いことをしかけ、人間をこまらせたりこわがらせたりしますが、親切にするとお返しをしてくれることもあるといいます。

THIS little fat Goblin,
A notable sinner,
Stole cabbages daily,
For breakfast and dinner.

The Farmer looked sorry;
He cried, and with pain,
"That rogue has been here
For his cabbage again!"

That little plump Goblin,
He laughed, "Ho! ho! ha!
Before me he catches,
He'll have to run far."

That little fat Goblin,
He never need sorrow;
He stole three to-day,
And he'll steal more to-morrow.

▲イギリスの絵本画家、ケイト・グリーナウェイがえがいたゴブリン。　"Under the Window"（1879年）写真：ユニフォトプレス

外国の現代の妖怪

神話や伝説、古くからのいい伝えのなかに登場するもののほか、近現代になってうわさされるようになった存在もいます。

フライングダッチマン

近代イギリスの船のりたちのあいだでおそれられていた幽霊船です。オランダ人船長ののる船が、アフリカ大陸の南のはしにある喜望峰付近で、嵐にあったとき、船長が神さまをののしったためにのろいにかかり、船長ひとりをのせた船は、この世が終わるまでそのあたりをさまよいつづけることとなりました。フライングダッチマンをみた人は不幸にみまわれるといわれています。

グレムリン

機械にいたずらをする妖精です。機械が発明されてからうまれたため、古くからいる妖精たちとくらべて新しい存在といえます。もともとは各家庭に1ぴきずついて、車やミシンなど、身近な機械を動かなくさせていました。飛行機が発明されてからは、計器に異常をおこしたり、原因不明のエンジントラブルをおこしたりする存在として、空軍パイロットたちにおそれられました。

I am puffing away fogging up windshields and no fun. Me, foiled by a carrot!"

▶アメリカの絵本画家、アイネス・ホーガンがえがいたグレムリン。
"Listen Hitler! The Gremlins are Coming"（1943年）
写真：ユニフォトプレス

身近にいるかもしれない妖怪

妖怪は、わたしたちが生活しているすぐ近くにもひそんでいます。おもしろ半分で妖怪を呼びだすと、おそろしい目にあってしまうかもしれません。

耳かじり女

ピアスをしている女の人の耳をかじる妖怪です。ある女の人が、ピアスのあなから白い糸がでていたので、なんだろうとふしぎに思ってひっぱってみました。すると、突然あたりが暗くなり、なにもみえなくなりました。じつは、その白い糸は目の神経だったのです。その後、その女の人はまちにでて、通りかかる人に「ピアスをしている？」ときくようになりました。「している」と答えると、いきなりその人の耳にくいつき、耳をかみちぎるといいます。

メリーさん

女の子の人形の妖怪です。ある女の子が、ひっこしのときにメリーさんという人形を前の家においてきてしまいました。ひっこしから数日後、女の子がひとりで留守番をしていると、電話がかかってきました。でてみると、「わたし、メリーさんよ。いま、A町にいるの」といって切れました。A町は、女の子が前に住んでいたまちの名前です。それからというもの、電話は毎日おなじ時間にかかってきて、そ

さとるくん

電話で呼びだすと、どんな質問にも答えてくれる妖怪です。公衆電話に10円玉を入れ、自分の携帯電話にかけます。公衆電話の受話器に「さとるくん、さとるくん、おいでください」といってから、電話を切ります。すると、24時間以内にさとるくんから携帯に電話がかかってきて、さとるくんがそのときにいる位置を教えてくれます。電話は何度もかかってきて、そのたびにさとるくんは自分に近づいてきます。最後にさとるくんが自分の後ろにきたときに質問をすると、さとるくんはどのような質問でも正確な答えを教えてくれます。ただし、このときに後ろをふりむいたり、いたずらで呼んだだけで質問を用意できていなかったりすると、おこったさとるくんにどこかにつれさられてしまうといいます。

のたびにメリーさんのいる場所が女の子の新しい家に近づいてきます。ある日、とうとう「わたし、メリーさんよ。いま、あなたの家の前にいるの」と告げられます。あわててドアをあけましたが、だれもいません。そのとき、また電話がなりました。おそるおそるでてみると……。
「わたし、メリーさんよ。いま、あなたの後ろにいるの」

小さいおじさん

身長が10センチメートル前後しかない、おじさんの姿をした妖怪です。あらわれる場所や、やっていることなどはみた人によってさまざまで、人間に話しかけてくることも、人間をみて逃げたりかくれたりすることもあります。とくに悪さをしてくることはありません。

田中くん・田中さん

「田中くん」は、夢にでてくる男の人です。バイクにのっているときに事故でけがをして死んだ人だとされています。夢のなかでかたをたたかれてふりかえると、大けがをした田中くんが立っています。このとき、ふりむいた人は、数日以内に死んでしまいます。かたをたたかれてもふりむかないでいると助かるといわれています。

また、鏡のなかにいる「田中さん」という女の人もいます。深夜12時ちょうどに鏡をみると、田中さんが鏡のなかからでてきて、鏡の世界へつれていこうとします。その人を助けようとした人も道づれになってしまうという話もあります。

22

カシマさん・カシマレイコ

手や足など、からだの一部をもぎとっていってしまう妖怪です。この妖怪は、地域によってさまざまな姿が伝えられています。その一例は、つぎのような話です。

　昔、ふみきりで事故にあい、死んでしまったカシマレイコという女の人がいた。そのとき、どうしても左足だけがみつからなかった。この話をきくと、3日以内にその人の夢にカシマレイコがあらわれ、「わたしの名前は？」ときく。「カシマレイコさんです」と正しく答えると助かるが、まちがえると左足をもぎとられてしまう。

カシマさんの性別や死んだ理由、あらわれるまでの期間やあらわれかた、問いかけの内容、正しい答えなどは、話を伝える人によってさまざまなバリエーションがあります。また、「この話を何人かの人に話さなければカシマさんがあらわれる」とされることもあります。

バサレ

夜中にたずねてくるおばあさん妖怪です。夜中にふと目がさめたとき、まどやドアからノックの音がきこえてきます。ドアやまど、カーテンなどをあけると、そこにはカマを持ち、大きなかごをせおったバサレがいます。バサレは子どもをかごにいれて山へつれさったりします。「バサレ」と３回となえると、バサレは退散します。

けいたいばあさん

電車のなかで携帯電話をつかうとあらわれます。耳にあてていた携帯電話が、とつぜん小さいおばあさんに変身し、「めいわく電話をするな！」とどなります。指にかみつくこともあります。

かまばば

夜に家をおとずれ、チャイムをならします。うっかりドアチェーンをはずしたままドアをあけると、カマを持ったおばあさんが立っていて、切られるといいます。チェーンをかけてドアをあけると無事だとされます。

現代にもいる古典妖怪

昔から語られている妖怪のなかにも、現代の家やまちなかにあらわれるものがいます。時代は変わっても、得体のしれない存在をおそろしく思う気持ちは変わりません。

すきま人間

かべのひびわれのすきま、冷蔵庫とかべのあいだ、たんすや戸だななどの家具とかべのあいだなど、はば1〜3センチメートルほどのすきまにすっぽりとおさまっている妖怪です。男の人の場合も女の人の場合もありますが、ただこちらをみつめているだけで、そこからでてきて、悪さをすることはありません。現代になってよくしられるようになりましたが、江戸時代の随筆『耳袋』にも、戸ぶくろのすきまに女の人が入っている話がでてきます。

かまいたち

突風にのってあらわれ、手や足、ほおなど服を着ていない部分をスパッと切ってしまう妖怪です。かまいたちに切られたきずは、いたみがなく、あまり血もでないといわれます。車を運転中、まどをあけてうでを外にだしていると、指や手などを切られてしまうことがあるそうです。

26

ざしきわらし

家にいる子どもの姿をした妖怪です。男の子も女の子もいて、ときには複数であらわれることもあるようです。ねている間に枕の向きを変える枕返しなどのいたずらをします。ざしきわらしがいる家はさかえますが、いなくなるとよくないことがおこるとされています。昔から福の神のような存在でしたが、現代でも、東北地方を中心に目撃された話がでています。

のっぺらぼう

目も鼻も口もない、つるりとした顔をしている妖怪です。昔からよく怪談に登場する妖怪でしたが、現代でも、タクシーにのせた客がのっぺらぼうだった、道で親切にしてあげた人の顔をみたら、のっぺらぼうだったなど、さまざまなところにあらわれています。

妖怪をえがいた人びと

▲江戸時代にえがかれた『百鬼夜行絵巻』。（国立歴史民俗博物館所蔵）

妖怪たちがねり歩く絵巻

科学が発達していなかった時代、この世界は現代よりも、説明できないできごとや正体のわからないぶきみな生きものなどであふれていました。人はそれらを「妖怪」のしわざであると考えました。そして、現代でも怪談や都市伝説がこわいものみたさで好まれるように、妖怪の話も古くから人びとにしたしまれてきたのです。

また、妖怪の話が文字で記されるようになると、それらの絵もえがかれるようになりました。平安時代の絵巻には、すでに妖怪や怨霊が登場する場面がみられます。妖怪たちが真夜中に群れをなしてねり歩く怪異をえがいた『百鬼夜行絵巻』は、室町時代に成立したとされる土佐光信作のものをはじめ、江戸時代に数多くつくられています。

妖怪大ブームの江戸時代

　江戸時代になって庶民のあいだにも教育が普及し、大量印刷によって本の価格が安くなると、さし絵がふんだんにもりこまれた娯楽としての本が出版されるようになりました。妖怪図鑑のような本や妖怪が活躍する物語なども好んで読まれました。また、妖怪をえがいた浮世絵も人気をよび、妖怪画を得意とする絵師もあらわれました。

▲江戸時代末期から明治にかけて活躍した絵師・河鍋暁斎の『暁斎百鬼画談』。『百鬼夜行絵巻』にならってえがいたもので、暁斎の妖怪画の代表作とされる。（国立歴史民俗博物館所蔵）

▲江戸時代末期の絵師・歌川国芳が巨大ながいこつが武者におそいかかる場面をえがいた『相馬の古内裏』。（千葉市美術館所蔵）

▲江戸時代の終わりから明治の初期にかけて活躍した月岡芳年がえがいた『新形三十六怪撰』の「葛の葉きつね童子にわかるるの図」。しょうじの影がきつねになっている。

◀江戸時代中期の絵師・鳥山石燕がえがいた『画図百鬼夜行』の「河童」。（『百鬼夜行 3巻拾遺3巻』国立国会図書館所蔵）

▶江戸時代後期の絵師・竹原春泉斎がえがいた『絵本百物語』の「お菊虫」。

まんがやアニメ、ゲームの世界へ

　近年では、まんがやアニメ、ゲームなどのなかで、妖怪が活躍しています。2013年（平成25年）に発売され、アニメやおもちゃなどもつくられたゲーム「妖怪ウォッチ」の流行は、もっとも新しい妖怪ブームといえます。その先がけとされるのが水木しげる（→3ページ）です。水木以降にうみだされた妖怪関連の作品は、多かれ少なかれ水木のえがいた妖怪に影響されているといってよいでしょう。

全巻さくいん

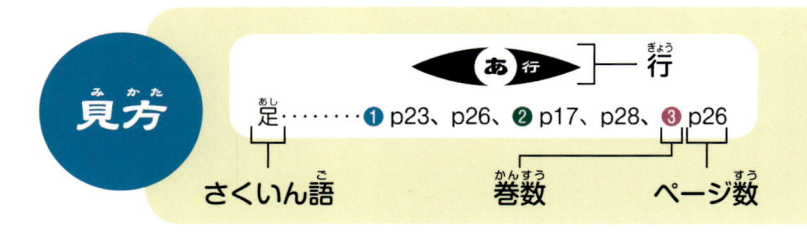

見方

あ行 — 行
足‥‥‥‥❶ p23、p26、❷ p17、p28、❸ p26

さくいん語　　　巻数　　　ページ数

❶ 現代の妖怪と都市伝説
❷ まちなかの都市伝説
❸ 乗りものと都市伝説

■監修・序文（2〜6ページ）

常光　徹（つねみつ　とおる）

1948年高知県生まれ。國學院大學を卒業後、都内の中学校教員を経て、現在、国立歴史民俗博物館名誉教授。日本民俗学会、日本口承文芸学会会員。著者に『学校の怪談－口承文芸の展開と諸相』『しぐさの民俗学－呪術的世界と心性』（ミネルヴァ書房）、児童書『学校の怪談』シリーズ（講談社）、監修に『みたい！しりたい！しらべたい！　日本の妖怪大図鑑（全3巻）』『みたい！しりたい！しらべたい！　日本の妖怪すがた図鑑（全3巻）』（ミネルヴァ書房）など多数。

■絵

中谷　靖彦（なかや　やすひこ）

1968年富山県生まれ。桑沢デザイン研究所卒業。オランダにてイラストを学び、帰国後にイラストレーターとして創作活動を始める。第25回講談社絵本新人賞受賞。2004年に受賞作『ミーちゃんですゥ！』（講談社）を刊行。絵を担当した作品に『おさるのパティシエ』（小学館）、『おばけぼうやのみずじごくうたうためぐり』（くもん出版）、『わたしたち うんこ友だち？』（今人舎）、『みたい！しりたい！しらべたい！　日本の神さま絵図鑑②みぢかにいる神さま』（ミネルヴァ書房）など多数。

編集・デザイン	こどもくらぶ（長野絵莉・尾崎朗子）
文（8〜29ページ）	村上奈美
Ｄ　Ｔ　Ｐ	株式会社エヌ・アンド・エス企画

■参考図書

『現代民話考　第一期　Ⅲ偽汽車・船・自動車の笑いと怪談』
著／松谷みよ子　立風書房　1985年

『現代民話考　第一期　Ⅴあの世へ行った話・死の話・生まれかわり』著／松谷みよ子　立風書房　1986年

『現代民話考　第二期　Ⅲラジオ・テレビ局の笑いと怪談』
著／松谷みよ子　立風書房　1987年

『メキシコから来たペット－アメリカの「都市伝説」コレクション』著／ジャン・ハロルド・ブルンヴァン
新宿書房　1991年

『悪魔のほくろ－ヨーロッパの現代伝説』
編／ロルフ・ヴィルヘルム・ブレードニヒ　白水社　1992年

『学校の怪談－口承文芸の展開と諸相』著／常光徹
ミネルヴァ書房　1993年

『ピアスの白い糸－日本の現代伝説』編著／池田香代子ほか
白水社　1994年

『魔女の伝言板－日本の現代伝説』編著／近藤雅樹ほか
白水社　1995年

『走るお婆さん－日本の現代伝説』編著／池田香代子ほか
白水社　1996年

『現代民話考　12写真の怪・文明開化』著／松谷みよ子
立風書房　1996年

『赤ちゃん列車が行く－最新モードの都市伝説』
著／ジャン・ハロルド・ブルンヴァン　新宿書房　1997年

『江戸の妖怪革命』著／香川雅信　河出書房新社　2005年

『軽装版　学校の怪談大事典』
編／日本民話の会学校の怪談編集委員会　ポプラ社　2009年

みたい！しりたい！しらべたい！
日本の都市伝説絵図鑑 ①現代の妖怪と都市伝説

2015年9月30日　初版第1刷発行　　　〈検印省略〉

定価はカバーに表示しています

監　修　者	常　光　　徹
絵	中　谷　靖　彦
発　行　者	杉　田　啓　三
印　刷　者	金　子　眞　吾

発行所　株式会社 ミネルヴァ書房
607-8494 京都市山科区日ノ岡堤谷町1
電話 075-581-5191／振替 01020-0-8076

ISBN978-4-623-07472-3
NDC388/32P/27cm
Printed in Japan

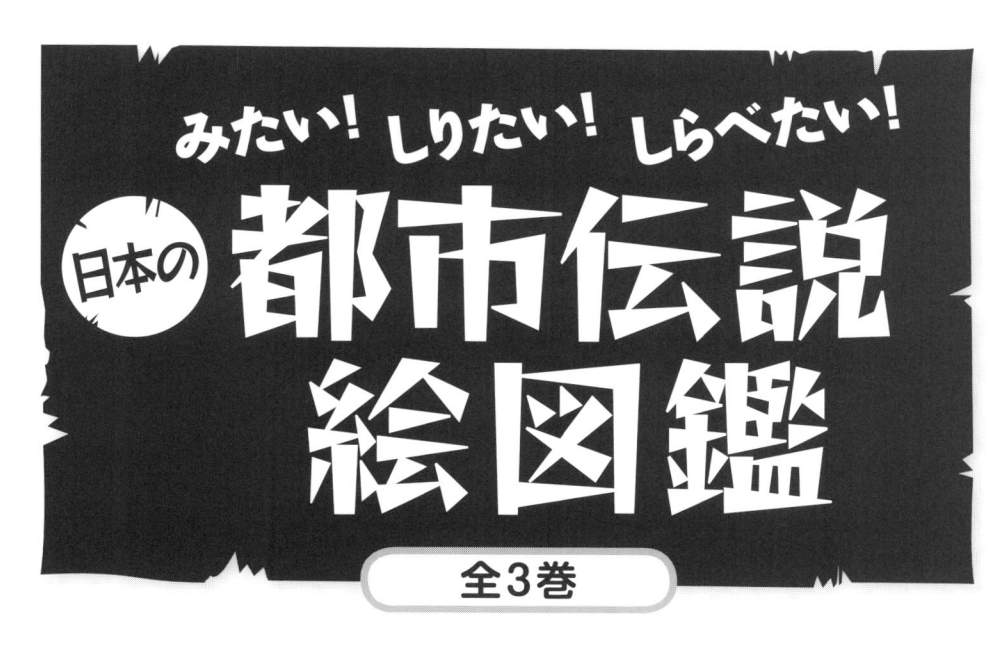

みたい！ しりたい！ しらべたい！

日本の **都市伝説絵図鑑**

全3巻

監修 **常光 徹** 絵 **中谷 靖彦**

27cm　32ページ　NDC388

オールカラー

· ·

❶ 現代の妖怪と都市伝説

❷ まちなかの都市伝説

❸ 乗りものと都市伝説

「妖怪」「神さま」
「地獄・極楽」「祭り」
シリーズも
おもしろいよ！

みたい！ しりたい！ しらべたい！
日本の妖怪大図鑑

みたい！ しりたい！ しらべたい！
日本の妖怪すがた図鑑

みたい！ しりたい！ しらべたい！
日本の神さま絵図鑑

みたい！ しりたい！ しらべたい！
日本の地獄・極楽なんでも図鑑

みたい！ しりたい！ しらべたい！
日本の祭り大図鑑

①家の妖怪
②山の妖怪
③海の妖怪

①女のすがたをした妖怪
②男のすがたをした妖怪
③動物のすがたをした妖怪

①願いをかなえる神さま
②みぢかにいる神さま
③くらしを守る神さま

①死んだらどこにいくの？
②地獄ってどんなところ？
③極楽ってどんなところ？

①病やわざわいをはらう祭り
②先祖とともにすごす祭り
③豊作・豊漁を願い感謝する祭り
④世のなかの平安を祈る祭り

人面犬
バババサレ
メリーさん
か
耳かじり女
けいたい
Uターン
じいさん
田中さん
のっぺらぼう
ターボばあさん
ジ
田
マラソンおじさん
小さいおじさん
ロキ
ざしきわらし
ダッシ
カ
シ